BEI GRIN MACHT SICH IHR WISSEN BEZAHLT

- Wir veröffentlichen Ihre Hausarbeit, Bachelor- und Masterarbeit
- Ihr eigenes eBook und Buch - weltweit in allen wichtigen Shops
- Verdienen Sie an jedem Verkauf

Jetzt bei www.GRIN.com hochladen und kostenlos publizieren

Bibliografische Information der Deutschen Nationalbibliothek:

Die Deutsche Bibliothek verzeichnet diese Publikation in der Deutschen Nationalbibliografie; detaillierte bibliografische Daten sind im Internet über http://dnb.d-nb.de/ abrufbar.

Dieses Werk sowie alle darin enthaltenen einzelnen Beiträge und Abbildungen sind urheberrechtlich geschützt. Jede Verwertung, die nicht ausdrücklich vom Urheberrechtsschutz zugelassen ist, bedarf der vorherigen Zustimmung des Verlages. Das gilt insbesondere für Vervielfältigungen, Bearbeitungen, Übersetzungen, Mikroverfilmungen, Auswertungen durch Datenbanken und für die Einspeicherung und Verarbeitung in elektronische Systeme. Alle Rechte, auch die des auszugsweisen Nachdrucks, der fotomechanischen Wiedergabe (einschließlich Mikrokopie) sowie der Auswertung durch Datenbanken oder ähnliche Einrichtungen, vorbehalten.

Impressum:

Copyright © 2014 GRIN Verlag, Open Publishing GmbH
Druck und Bindung: Books on Demand GmbH, Norderstedt Germany
ISBN: 978-3-668-10247-7

Dieses Buch bei GRIN:

http://www.grin.com/de/e-book/311429/informationsmanagement-i-eine-zusammenfassung

Felix Franke

Informationsmanagement I. Eine Zusammenfassung

GRIN Verlag

GRIN - Your knowledge has value

Der GRIN Verlag publiziert seit 1998 wissenschaftliche Arbeiten von Studenten, Hochschullehrern und anderen Akademikern als eBook und gedrucktes Buch. Die Verlagswebsite www.grin.com ist die ideale Plattform zur Veröffentlichung von Hausarbeiten, Abschlussarbeiten, wissenschaftlichen Aufsätzen, Dissertationen und Fachbüchern.

Besuchen Sie uns im Internet:

http://www.grin.com/

http://www.facebook.com/grincom

http://www.twitter.com/grin_com

Informationsmanagement Zusammenfassung

Anforderungen an betriebliche IT-Systeme 2

Informationsmanagement 2

Zahlensysteme zur Informationsdarstellung 3

Informationsverarbeitungsprozess 3

Betriebliche Informationssysteme 4

Integration betrieblicher Informationssysteme 6

Unternehmensmodellierung 7

Entity-Relationship-Modellierung 8

Objektorientierte Modellierung 9

Geschäftsprozesse 10

EPK-Methode (ereignisgesteuerte Prozesskette) 11

Gruppen 13

Enterprise Resource Planning System 14

Technologien im Überblick 20

Anforderungen an betriebliche IT-Systeme:

- Unterschiedliche Rechnerklassen wie auch unterschiedliche Betriebssysteme in Einklang bringen
- Komplexes Datennetz an unterschiedlichen Orten/Rechnern bereitstellen
- Komplexe Anforderungen an die Mitarbeiter, wie auch an den Zentralen IV-Bereich, der eine leistungsfähige und sichere IT-Infrastruktur schaffen muss

Informationsmanagement

Aufgaben in Bezug auf den IT-Bereich:

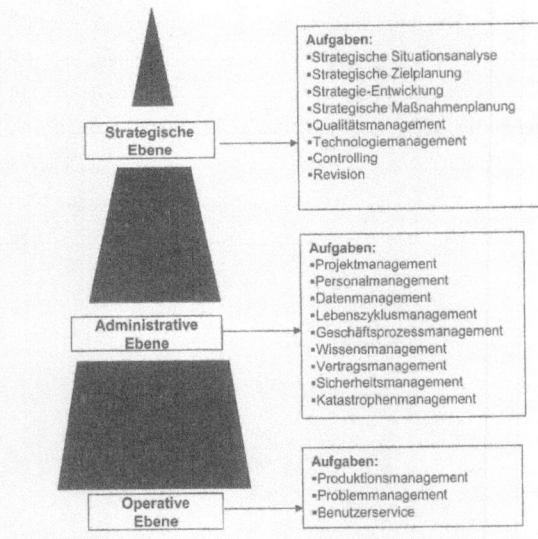

- Planung, Überwachung und Steuerung der gesamten IT-Infrastruktur
- Information und Kommunikation zur Beeinflussung kritischer Wettbewerbsfaktoren

Schwerpunkt liegt auf:

- Anwendungssysteme
- Datensysteme
- Personal
- Betriebsmittel

Verwendung von Informationen und Bereitstellung der entsprechenden Dienste:

- Benutzerservice
- Netzdienste
- Wartung

Abbildung 2.1: Modell des Informationsmanagements nach Heinrich

Wissenstreppe nach Klaus

North

Strategisches Wissensmanagement

- Wettbewerbsfähigkeit
- Kompetenz +Einzigartigkeit
- Handeln +richtig handeln
- Können +Wollen
- Wissen +Anwendungsbezug
- Information +Vernetzung
- Daten +Semantik
- Zeichen +Syntax

Operatives Wissensmanagement

Zahlensysteme zur Informationsdarstellung:

Tägliches System: Wertigkeit 10, Denärsystem bzw. Dezimalsystem

Rechnersystem: Wertigkeit 2, Dualsystem

1 Stelle im Binärsystem = 1 Bit -> grundlegende Informationseinheit eines Rechners

⇨ 8 Bit = 1 Byte

Umrechnung von Informationen in Bit:

(benötigte Stellenzahl) = $\log_{\text{Wertigkeit}}$ (Anzahl darstellbarer Informationen)

(max. Anzahl darstellbarer Informationen) = Wertigkeit $^{\wedge}$(max. Stellenzahl)

Zahlensysteme in der IT

Wertigkeit	Zahlensystem	Zahlenbezeichnung	Vorteil
2	Dualsystem	Dualzahl	Wichtigstes System im Rechner
8	Oktalsystem	Oktalzahl	Leichter ins Dualsystem umwandelbar
10	Dezimalsystem	Dezimalzahl	Tägliches System
16	Hexadezimalsystem	Hexadezimalzahl	Leichter ins Dualsystem umwandelbar (Ziffern 10-15 werden als A-F dargestellt)

Informationsverarbeitungsprozess

Eingabe – **V**erarbeitung – **A**usgabe - Prinzip

Eingabe bzw. Befehle durch den Benutzer oder andere Geräte über Maus, Tastatur oder Lesegerät -> *Eingabeeinheit*

Verarbeitung der Informationen durch den Computer innerhalb der *Zentraleinheit*

Ausgabe der Informationen über den Bildschirm oder Ausdrucke bzw. Weitergabe an andere Computer -> *Ausgabeeinheit*

Funktionen im Unternehmen:
- Systembetrieb, Rechenzentrum
    - Systemsteuerung und Wartung der systemnahen Software
- Telekommunikation, Netzwerke
    - Betrieb und Wartung der Netzwerk-Infrastruktur
- Anwendungs-Entwicklung/ -Einführung/ -Pflege
    - Entwicklung von Anwendungssoftware, Nutzung der Datenbanken und Software zur Verwendung innerhalb des Unternehmens
- Informationszentrum, Benutzerunterstützung

- o Benutzer-, System- & Problembetreuung
- IV-Planung, IV-Management
  - o IT-Planung und Unternehmensintegration, Systemarchitektur und Festlegung der Standards und Methoden

Betriebliche Informationssysteme

Definition: Ein Informationssystem ist ein System zur Speicherung, zur Wiedergewinnung und zur Verknüpfung von Informationen.

Innerhalb des Betriebes stellen solche Systeme die Schnittstelle zwischen innerbetrieblichen Abteilungen, wie auch dem Betrieb und der Umwelt her. Zur Nutzung der Systeme sind technische wie auch menschliche Elemente erforderlich.

Betriebliche Informationssysteme (BIS) haben die Aufgabe

- *die richtige Information*

- *im richtigen Umfang*

- *in der richtigen Form*

- *zum richtigen Zeitpunkt*

- *am richtigen Ort*

- *mit der richtigen Qualität*

bereitzustellen. Diese Aufgabe kann als Kommunikation zwischen Mensch/Mensch, Mensch/Maschine und Maschine/Maschine umgesetzt werden.

⇨ Es kann also eine automatisierte & eine nicht-automatisierte Verarbeitung bestehen

Anwendungssystem (AS) im Überblick:

Die Anwendung von AS erweist sich für alle (teil)automatisierten betrieblichen Aufgaben als sinnvoll, bei denen der wirtschaftliche Nutzen die Durchführung rechtfertigt.

Hierbei umfassen sie die automatisierte Informationsverarbeitungsaufgaben und ihre Beziehungen. Zur Umsetzung sind Rechner- und Kommunikationssysteme inkl. passender Software vorausgesetzt.

Generell werden AS in Unternehmen jeder Größe, Branche wie auch für alle betrieblichen Anwendungsgebiete verwendet.

Verbindung zwischen BIS und betr. Anwendungssystem

Als betr. Anwendungssystem bezeichnet man das gesamte automatisierte Teilsystem des BIS

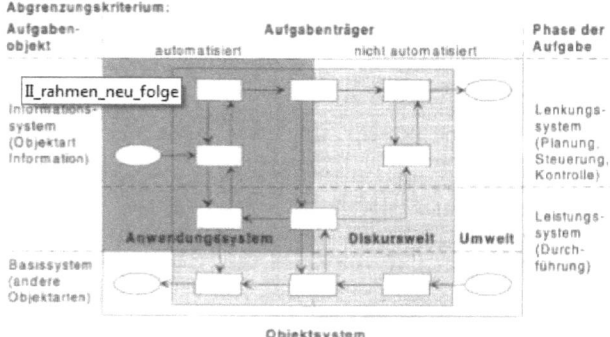

Man unterscheidet bei der Klassifikation von AS nach:
- **betrieblicher Funktion**
- **Verwendungszweck**

- **Grad der Spezialisierung**
- **Grad der Standardisierung**
- Besondere **_Wichtigkeit_** liegt bei der Betrachtung nach **_dem Verwendungszweck_**

　　○ **Führungssysteme** => Bereitstellung von Führungsprozessrelevanten Informationen (Führungsinformationssysteme); Unterstützung des Planungsprozesses (Planungssysteme)

　　○ **Administrations- & Dispositionssysteme** => Abrechnung von Massendaten; Verwaltung von Beständen; Vorbereitung kurzfristiger dispositiver Entscheidungen

　　　▪ **Querschnittssysteme** => Schnittstellen zur Koordination zwischen Administrations-, Distributions- & Führungssystemen
　　　▪ **Büro(kommunikations)systeme**
- Verwaltung & Ordnung am Arbeitsplatz
▪ **Multimediasysteme** – Präsentation & Bereitstellung von Informationen
▪ **Wissensbasierte Systeme** – gespeichertes menschliches Wissen & Methoden der künstlichen Intelligenz (menschliche Verhaltensweisen durch Computer nachvollziehen)

Integration betrieblicher Informationssysteme

Notwendigkeit:
- verschiedene Systeme im Unternehmen
- umfassende Sicht auf Informationen & Prozesse im Unternehmen notwendig
- Verknüpfung von Menschen, Aufgaben & Technik zu einem Ganzen
- Horizontale & vertikale Integration
- Inner- & überbetriebliche Integration
- ⇨ Anforderungen an die Wirtschaftsinformatik:
  - Unternehmensmodellierung von
    - Abläufen
    - Prozessen
    - Daten
    - IT-Systemen
  - Systementwicklung, -anpassung und – integration
- ⇨ Weitreichende Wirkung von Fehlern, Schwierigkeiten beim Testen, seltene Ausnahmen einzuprogrammieren, komplexe Anforderungen & lange Wartezeiten für die Vorteile der Lösung

Ziele:
- Untergliederung des Unternehmens überwinden
- Manuellen Aufwand & manuelle Fehler vermeiden
- Automatisierung und Arbeitsteilungsverringerung

Merkmale:
- Integrationsrichtung: horizontal/vertikal

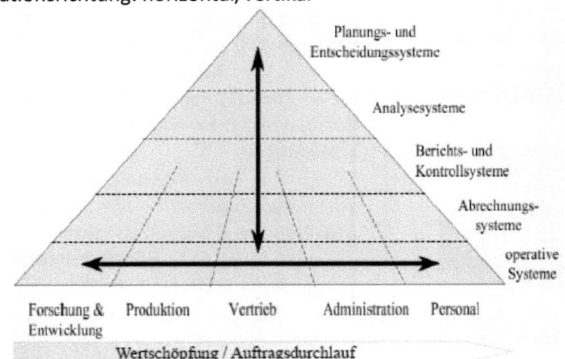

- Integrationsreichweite:
  - Bereichsintegration
  - Innerbetriebliche Integration
  - Zwischenbetriebliche Integration
- Integrationsgegenstand:
  - Datenintegration
  - Funktionsintegration
  - Prozessintegration

    - o Methodenintegration
    - o Programmintegration
- Automationsgrad
    - o Teilautomation
    - o Vollautomation

Unternehmensmodellierung

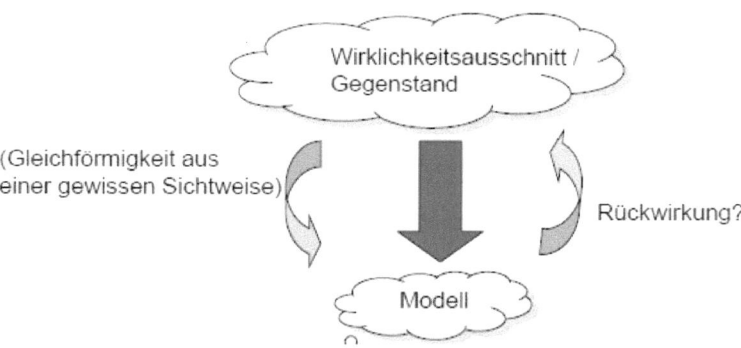

Prinzipien der Modellierung nach Pidd:

- Modelliere einfach – denke kompliziert
- Beginne klein und erweitere
- Teile und herrsche, vermeide Mega-Modelle
- Nutze Metaphern, Analogien und Ähnlichkeiten
- Verliere dich nicht in Daten

Modelle können verschiedene **Modellierungsansätze, Sichten und Ausgangspunkte** haben:

Ansätze:	Sichten:	Ausgangspunkte:
- Funktionsorientiert - Datenorientiert - Prozessorientiert - Objektorientiert - Wissensbasiert - ...	- Daten (Stammdaten, Bewegungsdaten, Sachverhalte) - Funktionen/Prozesse (Vorgänge, dynamische Abläufe, Aufgaben) - Organisationseinheiten/Ressourcen (Personen, Stellen, technische Einheiten)	- Daten : von der Struktur relativ konstant, Basis für Geschäftsprozesse, Verwaltung in Datenbanken - Geschäftsprozesse: zusammengehörige Abfolge von Tätigkeiten, Abbildung in der Anwendungslogik

Entity-Relationship-Modellierung

Anschauliche und leicht kommunizierbare Beschreibung der Datenwelt, geht auf die Objekte und ihre Beziehungen zueinander ein. -> Datenorientiert

1. Zusammenfassen von Objekten zu Objekttypen
2. Sammlung von Attributen zu jedem Objekttyp (inkl. Schlüsselattributen)
3. Zuordnung von allen geltenden Attributen zu jedem Objekttyp (In Form von 1:1/1:n Beziehungen)
4. Gegebenenfalls zusätzliche Attribute zur Differenzierung einführen oder sehr häufige Attribute als Objekttypen zusammenfassen
5. Attribute mit eigenen Attributen sind als Objekttypen aufzufassen
6. Zur Übersichtlichkeit Diagramme in einzelnen Benutzersichten aber nicht als „Unternehmens-Modell" darstellen
7. Bildung/Ergänzung von Beziehungen durch Textanalyse („alle Verben prüfen")
8. Ergänzung um „Kardinalitäten" (1:1; 1:n; n:m Beziehungen)

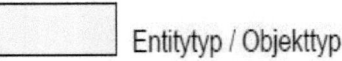
Entitytyp / Objekttyp

Beziehungstyp

Attribut

Schlüsselattribut

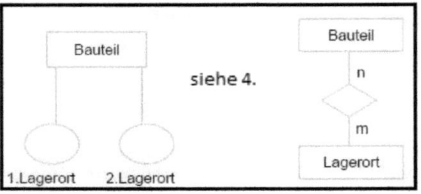

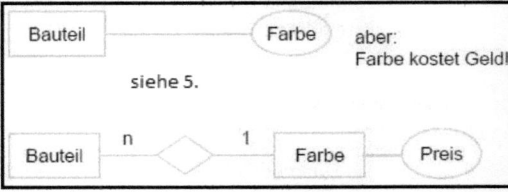

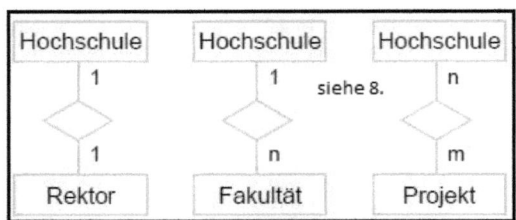

Objektorientierte Modellierung

Unified Modeling Language (UML):
Stellen Strukturen und Zusammenhänge von Objekten dar, hierbei sollen Informationen *logisch (möglichst realitätsnah)* strukturiert werden. Objektmodelle stellen eine statische Datenstruktur dar und fassen innerhalb dieser Daten zu Objekttypen zusammen.

Beispiel:

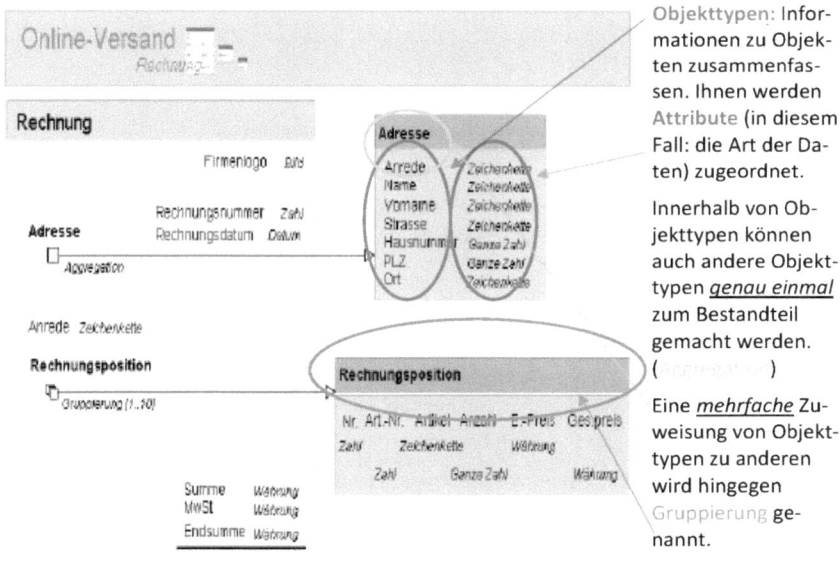

Objekttypen: Informationen zu Objekten zusammenfassen. Ihnen werden Attribute (in diesem Fall: die Art der Daten) zugeordnet.

Innerhalb von Objekttypen können auch andere Objekttypen *genau einmal* zum Bestandteil gemacht werden. (Aggregation)

Eine *mehrfache* Zuweisung von Objekttypen zu anderen wird hingegen Gruppierung genannt.

Desweiteren gibt es das Mittel der **Generalisierung**, auch **Vererbung** genannt, hierbei werden Attribute von einem Objekttyp an einen anderen vererbt.

⇨ Wenn es eine allgemeine Rechnung gibt, die einerseits die Objekttypen „Adresse" und „Artikel" besitzt, so kann diese mittels Vererbung diese Objekttypen an weitere Rechnungstypen weitergeben. (Zum Beispiel: Rechnung Bücher; Rechnung Kleidung; ...) In den weiteren Rechnungstypen können dann wiederum weitere Objekttypen und Attribute eingefügt werden.

Rechnung allgemein: Adresse Artikel	Generalisierung ⇒	Rechnung Bücher: Adresse Artikel ... Rechnung Kleidung: Adresse Artikel ...

Vorgehensweise bei der Strukturierung:

- Zusammengehörende Daten zu Objekttypen zusammenfassen
- Gleichartige Daten werden lediglich einmal modelliert und als Gruppierung hinzugefügt
- Beliebige, aber logische Anordnung einzelner Elemente
- Sinnvolle Zusammenfassungen und Anordnungen der Objekttypen

Geschäftsprozesse

⇨ Menge von manuellen, teil-automatisierten oder automatisierten betrieblichen Aktivitäten, die   1. Nach bestimmten Regeln
    2. auf ein bestimmtes Ziel hin ausgeführt werden.

(Beispielsweise: Bearbeitung eines Kreditantrags in einer Bank; Beantragung und Abrechnung einer Dienstreise)

Geschäftsprozesse sind:
- Eher standardisierte Routineabläufe, die sequentiell, parallel, wiederholt oder alternativ sein können
- Unterteilt in Kernprozesse (unternehmensspezifisch, wertschöpfend) und unterstützende Prozesse (für die Kernprozesse unterstützend)
- Durch ein oder mehrere Ereignisse ausgelöst und enden mit einem Ergebnis
- Sind nicht an organisatorische Grenzen gebunden
⇨ Das Geschäftsprozessmanagement hat die Aufgaben der Modellierung, Verwaltung, Analyse und Optimierung

EPK-Methode (ereignisgesteuerte Prozesskette)

Knoten des Graphen:

Ereignis ⬡

Funktion ▭

Verknüpfungs-operatoren (XOR) (AND) (OR)

Kanten des Graphen:

Abhängigkeit zwischen **Ereignis** und **Funktion**

(an geeigneten Stellen ○ zwischengeschaltet)

Ereignisse: Passive Komponenten, die Aktivitäten (Funktionen und deren Ergebnis) auslösen. Ereignisse beschreiben einen betriebswirtschaftlichen Zustand. Sie bestehen **immer** aus einem Substantiv und einem Partizip Perfekt des gewählten Verbs.

⇨ Kundenauftrag ist eingetroffen
⇨ Materialstamm ist angelegt
⇨ ...

Funktionen: Aktive Komponenten, die etwas durchführen. Besitzen eine *Entscheidungskompetenz* über den weiteren Ablauf. Funktionen können soweit unterteilt werden, dass sie betrieblich nicht weiter (sinnvoll) teilbare Vorgänge darstellen. Werden direkt oder über Verknüpfungen mit Ereignissen verbunden.

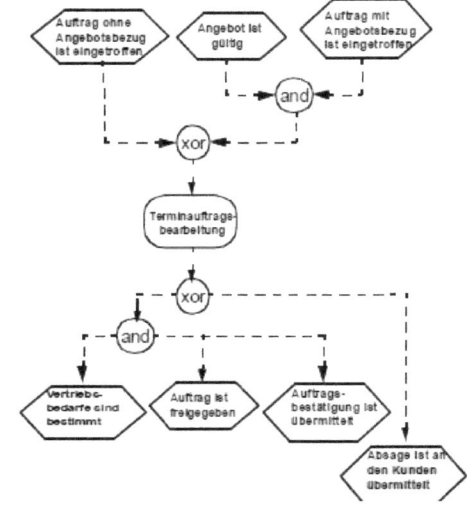

Verknüpfungsoperatoren:

- AND = alle Aussagen müssen wahr sein
- OR = mindestens eine Aussage muss wahr sein (inklusives oder)
- XOR = genau eine Aussage ist wahr (exklusives oder)

EPK-Grundregeln:

- Jede EPK beginnt und endet mit einem (oder mehreren) Ereignissen.
- Alle Knoten müssen über Linien verbunden sein.
- Alle Linien müssen beidseitig mit Knoten verbunden sein.
- Ereignisse können nicht direkt mit anderen Ereignissen verbunden sein.
- Funktionen können nicht direkt mit anderen Funktionen verbunden sein.

- Ereignisse und Funktionen haben jeweils genau EINE Ausgangs- und eine Eingangslinie.
- Konnektoren können direkt mit anderen Konnektoren verbunden werden.
- Konnektoren können nicht isoliert stehen sondern werden verwendet um (mehr als) zwei Knoten zu verbinden.
- Konnektoren müssen bei Verwendung genau 1 eingehenden und 2 ausgehende Pfeile besitzen oder vice versa. (Bei größeren Gabelungen sind auch mehr ausgehende Pfeile möglich)

Das erweiterte EPK

Ergänzungselemente:

Informationselemente: Beschreiben Entitytypen und werden ausschließlich an Funktionen geknüpft. Bei der Verbindung beschreiben die Pfeile die Richtung der Datenflüsse.

Informations-/ Materialobjekt

Informations- / Materialfluss

Organisationseinheiten: Werden über Linien mit Funktionen verbunden und zugeordnet. Organisationseinheiten können auch einzelne Personalstellen sein, jedoch keine konkreten Mitarbeiter und basieren auf dem Organigramm der Unternehmung.

Organisatorische Einheit

Zuordnung organisatorische Einheit

Funktion wird durch EPK verfeinert

Beispiel:

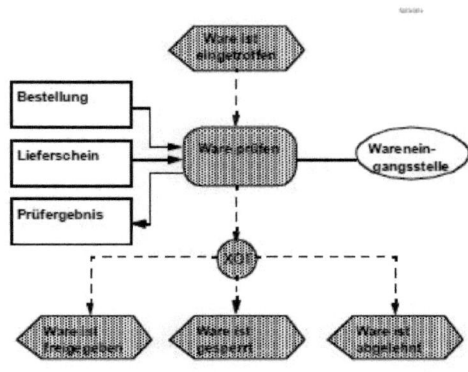

Gruppen

Vier Phasen der Gruppenentwicklung:

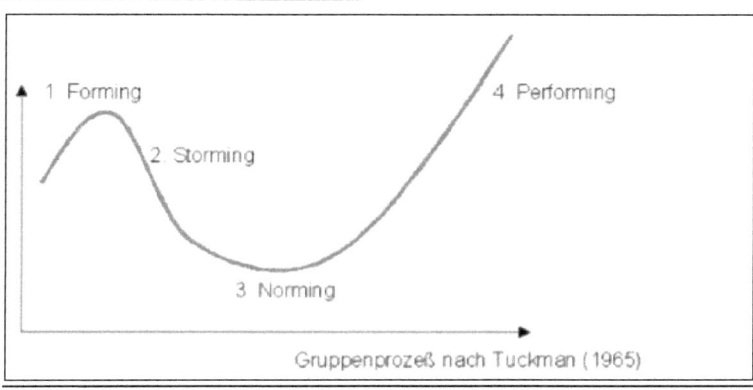

Gruppenprozeß nach Tuckman (1965)

Entwicklungsphase	1. Forming	2. Storming	3. Norming	4. Performing
Gruppenstruktur	Unsicherheit und Angst; Abhängigkeit vom Führer; Probe welches Verhalten akzeptabel ist; gegenseitiges Abtasten	Konflikte zwischen Untergruppen; Aufstand gegen den Führer; Polarisierung der Meinungen; Ablehnung einer Kontrolle	Entwicklung gegenseitiger Unterstützung; Bildung von Gruppennormen; Konflikte werden abgebaut bzw. bereinigt	Interpersonelle Probleme sind gelöst: funktionale Aufgabenverteilung; funktionales und flexibles Rollenverhalten
Aufgabenverhalten	Mitglieder definieren die Aufgaben, Regeln und Methoden	Emotionale Ablehnung der Aufgabenanforderungen	Offener Austausch von Meinungen und Gefühlen; Entstehung von Kooperation	Problemlösungen werden entwickelt; konstruktive Aufgabenbearbeitung;

Erfolgshypothesen:

- Wissenssynergie
- Ausgleich von Irrtümern und Extremmeinungen
- Arbeitsklima- und Motivationsverbesserungen
- Kreativität fördert Denkstöße
- Entscheidungsbereitschaft & Akzeptanz fördern Mut

Misserfolgshypothesen:

- Zieldissonanzen
- Unsachlichkeit
- Kompromisse und kleinsten gemeinsamen Nenner
- Desorganisation

Enterprise Resource Planning System

ERP-Systeme sind Gesamtsysteme mit horizontal und vertikal integrierten Anwendungsmodulen. Sie sind an die betrieblichen Anforderungen angepasst und bestehen sowohl aus spezifischen wie auch branchenneutralen Modulen. Der Fokus liegt auf der Unterstützung der operativen Funktionen der Administration und der Disposition, ziehen sich jedoch durch jede Unternehmensschicht. (Wichtige Beispiele: SAP, Oracle Application, SAGE…)

Customizing splittet sich auf in Parametrisierung und Modularisierung	
Parametisierung: Initialisierung gewünschten Programmfunktionen durch das Setzen von Parametern. Voraussetzung ist, dass alle erforderlichen Programmfunktionen bereits in der Standardsoftware vorhanden sind	**Modularisierung:** Zergliederung eines Programms in kleine Einheiten um durch das Baukastenprinzip die benötigte individuelle Anwendung zu formen.

Horizontale Integration durch Verflechtung der Anwendungssysteme der operativen Ebene:

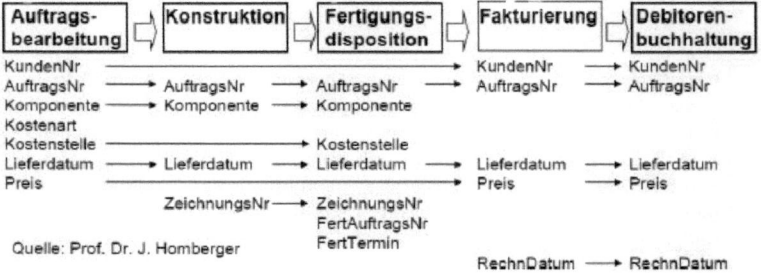

Nutzen von *innerbetrieblicher Datenintegration* zur Verbindung von Anwendungssystemen durch den Datenaustausch und die Einrichtung einer gemeinsam genutzten Datenbank.

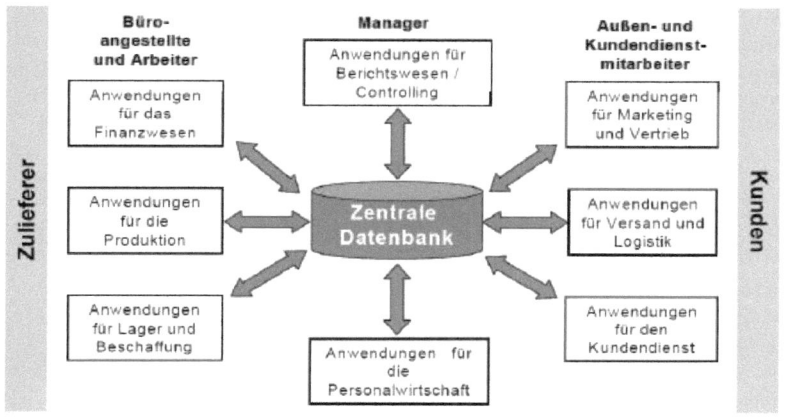

Ablauf eines Geschäftsvorgangs:

1. Transaktionsaufruf des Anwenders
   → System nimmt Kontakt mit der Anwendungsebene auf
2. Die Anwendungsebene erstellt eine SQL-Anfrage an die Datenbank und überprüft die Richtigkeit der Eingabe
3. Verarbeitung der Anfrage und Erstellung der Zielmenge
4. Übergabe und Aufbereitung des Ergebnisses an die Anwendungsebene
5. Dem Benutzer wird das Ergebnis des Transaktionsaufrufes angezeigt.

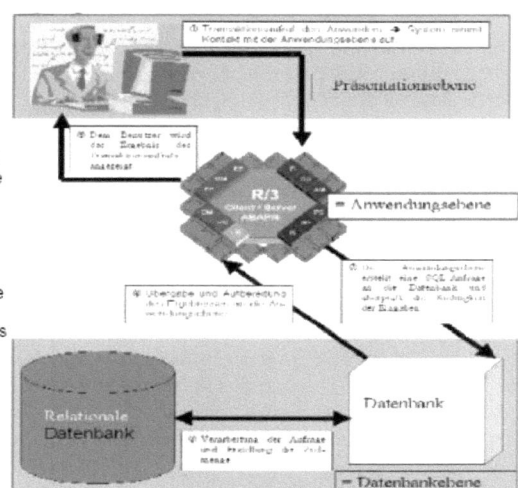

Supply Chain Management (SCM):

„Supply Chain Management beschreibt die aktive Gestaltung aller Prozesse, um Kunden oder Märkte wirtschaftlich mit Produkten und Dienstleistungen zu versorgen." [Bächle/Kolb, S.48]

Ziele:	Konzepte:	Barrieren und Probleme
- Reduzierung der Durchlaufzeiten - Verringerung der Bestände	- Integratives Logistikmanagement - gemeinsame Planung - Prozessmanagement	- Hohe Produktkomplexität - Leistungen mit geringem Anteil an

- Erhöhung der Liefertreue - Erhöhung des Serviceniveaus - Kostensenkung	- zwischenbetriebliche Kooperation - Sourcing-Konzepte - Just-in-Time Wertschöpfungskette	planbaren Elementen - Hohe Sicherheitsbestände & lange Durchlaufzeiten - Ineffiziente & aufwendige Prozesse

Hieraus ergeben sich die **Erfolgsfaktoren** des Supply Chain Management:
- Integration der Kunden durch Einbeziehung
- Interne Integration durch funktionsübergreifende Standardisierung
- Integration der Lieferanten durch effektives Lieferantenmanagement
- Integration von Technologie und Planung durch Einsatz geeigneter Informationstechnologien
- Integration der Erfolgsmessung durch separate Leistungsmessungen
- Integration der Beziehungen durch partnerschaftliches Verhältnis

RFID als Mittel des Supply Chain Management:

RFID Chips stellen *passive* Transponder dar, welche an Waren aufgebracht werden um gegen Warenfälschungen und Schwund vorzugehen oder um die Lieferkette zu vereinfachen. Es gibt die Variante des *Read-Only* Chips, diese haben eine weltweit einzigartige ID mit und können automatisch ausgelesen werden. Desweiteren besteht die Variante des *Read-Write* Chips, diese haben die Möglichkeit noch Informationen wie Transporttemperatur, Datum,... einzufügen.

Durch die Möglichkeiten des automatisierten Auslesens ergibt sich die Möglichkeit die Lieferkette zu beschleunigen.

Customer Relationship Management (CRM):

„*CRM ist, wie SCM, ein betriebswirtschaftliches Konzept. Ziel ist der systematische Aufbau und die Pflege dauerhafter profitabler Kundenbeziehungen. Aufgabe der Wirtschaftsinformatik ist die Bereitstellung geeigneter Informationssystem al Teil eines überbetrieblichen ERP-Systems, um die notwendigen Daten integriert allen Aufgabenträgern bereitzustellen.*"

Das bedeutet, dass der Kerngedanke des CRM ein ganzheitliches System zu Steigerung des Unternehmens- und Kundenwertes beinhaltet. CRM ist nicht primär eine Technologie, sondern eine strategische Unternehmensausrichtung zur:
- Steigerung der Kundenprofitabilität
- Verbesserung der Kundenbeziehung
- Senkung der Kundengewinnungskosten
- Verlängerung der Kundenbeziehung
- Erhöhung der Kundenrückgewinnungserfolge
- Erhöhung des Share of Wallet (Anteil der Kaufkraft eines Kunden für eine bestimmte Produktgruppe)

Diese Ausrichtungen ergeben sich aus folgenden Thesen:
- ⇨ Der Wert des Unternehmens wird von seinen Kunden bestimmt
- ⇨ Die Produkte werden zunehmend austauschbarer
- ⇨ Der Wettbewerbsdruck nimmt bei sinkenden Margen zu (Deregulierung)
- ⇨ Die Märkte werden transparenter (Globalisierung)

Wesentliche Merkmale von CRM-Systemen

- Aufbau einer umfassenden Kunden-Datenbank
- Verbesserung der Datenqualität durch zentrale und zeitnahe Erfassung
- Data Mining/Business Intelligence zur Identifizierung umsatzrelevanter Zusammenhänge in den Kundendaten
- Verbesserung der internen und externen Kommunikation
- Einfache Datenpflege durch zentrale Datenhaltung

Bereiche und Komponenten des CRM:

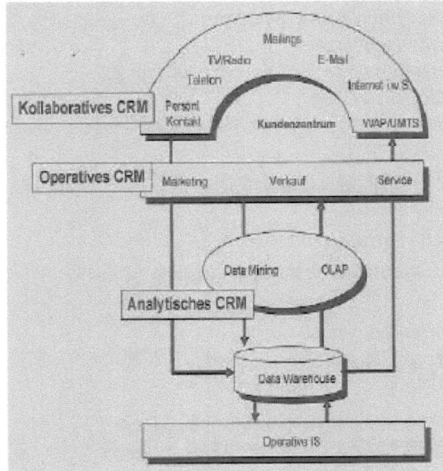

Kollaboratives CRM: Lösungen, die eine direkte Interaktion zwischen (bestehenden und potentiellen) Kunden und Unternehmen ermöglichen.

Operatives CRM: IT-Lösungen, die eine Integration in bereits bestehende Geschäftsprozesse erfordern, zum Beispiel zur Unterstützung der operativen Aufgaben. (Beinhaltet Basisfunktionen für Unternehmensbereiche, Schnittstellen, Datenbank,...)

Analytisches CRM: Lösungen des Business Intelligence für die Analyse der im operativen CRM generierten Daten. Beinhaltet die Analyse der Kundendaten und die daraus hervorgehende Planung, Steuerung und Kontrolle.

Managementunterstützungssysteme:
- *Abfrage- und Berichtssysteme (Query and Reporting System)* (einfache Auswertung von Dateien und entsprechende Ausgabe der Ergebnisse in fester und variabler Form)
- *Entscheidungsunterstützungssystem (EUS bzw. DSS)* (Hilft Fachspezialisten bei der Entscheidungsvorbereitung -> modell- vs. datengestützt)
- *Expertensysteme (XPS)* (Künstliche Intelligenz zur Beratung eines eng abgegrenzten Problembereichs mittels Abbildung von menschlicher Expertise)
- *Executive Information System (EIS oder FIS)* (besonders einfach bedienbares, grafisch orientiertes Abfrage- und Berichtssystem für das obere Management)

Datenbeschaffung im Überblick

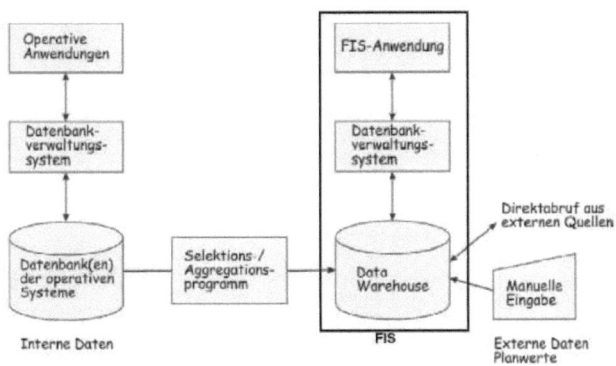

Externe Daten: Direktabruf aus Onlinediensten oder Direkteingabe

Interne Daten: Direktübernahme aus operativen Anwendungssystemen verbunden mit Selektion/ Aggregierung/ Direkteingabe ergeben aus der Organisationsstruktur, der Kostenstellen-Gliederung oder funktionalen Gegebenheiten.

Abfragen sollten möglichst in natürlicher Sprache mithilfe von graphischer Unterstützung erfolgen können um aufwendige Einarbeitungen zu vermeiden.

Ausgabe der Daten über interaktive & dynamischer Grafiken oder Papierausdrucken.

Business Intelligence: Analytische Konzepte, Prozesse und Werkzeuge mit denen Wissen aus Unternehmen- und/oder Wettbewerbsdaten bezogen werden sollen.

Wissen: In Datenmengen verborgene entscheidungsrelevante Zusammenhänge bzw. Muster.

Data Warehouse: Eine Sekundärdatenbank die durch Extraktionsmechanismen aus operativen Systemen und externen Datenquellen erzeugt wird. Die ausgegebenen Daten sind hinsichtlich der zu erwartenden Auswertung aufzubereiten und dem **Online Analytical Processing (OLAP)** zur Verfügung zu stellen.

Data Mart: Ein subjekt- oder abteilungsspezifisches Data Warehouse. Hierbei können mehrere dezentrale Datenbestände existieren um an mehreren Orten schneller Daten bereitzustellen oder einzelnen Fachabteilungen spezielle Datensammlungen zu ermöglichen.

Analyseverfahren:

Drill-Down-Technik: Dimensionen haben eine hierarchische Struktur (Verdichtungshierarchien), die man systematisch durchwandern kann, um herauszufinden, worin z.B. Abweichungen begründet sind.

Bsp.: Unternehmen-> Hauptabteilung -> Abteilung -> Gruppe -> Arbeitsplatz

What-If-Analysen: Was-wäre-wenn-Szenarien

Multidimensionale Auswertung (OLAP Analysen): Umfassende (mehrdimensionale) Analyse der Data Warehouse bzw. Data Mart Informationen zur schnellen Erfassbarkeit von Daten für Führungskräfte. Möglichkeit zur mehrdimensionalen Darstellung als Würfel. (Es sind jedoch unendlich viele Ebenen denkbar.) Maschinell gestützte manuelle Suche nach interessanten Zusammenhängen.

⇨ Methode des „Slicing and Dicing" zu Datenauswertung

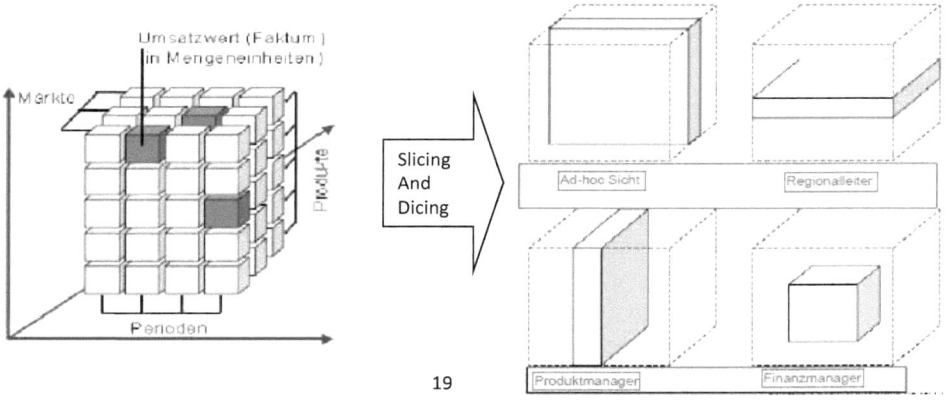

Data Mining: Automatisierte Suche nach bisher unbekannten, betriebswirtschaftlichen Zusammenhängen in einem Datenbestand. Im Unterschied zu operativen Datenbanken werden nicht alle gegenseitigen Beziehungen der Daten schon bei der Datenmodellierung festgelegt. Manuell gestützte maschinelle Suche nach interessanten Zusammenhängen. (Beispiel: Warenkorbanalyse; Analyse von Zahlungsverhalten;...)

Technologien im Überblick

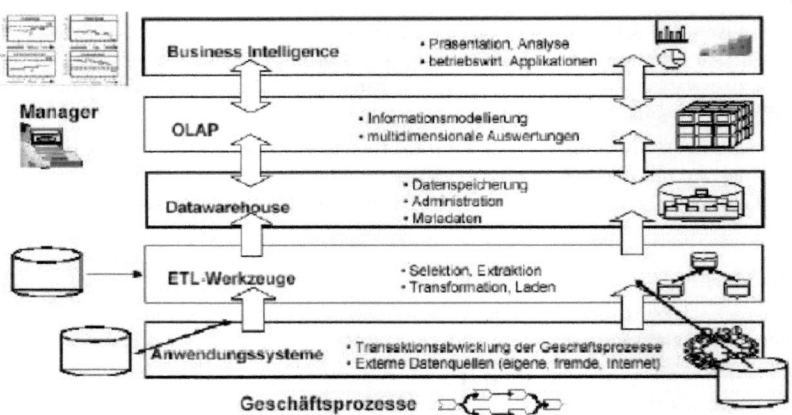

Zur überbetrieblichen Datenintegration werden s.g. *"Business Suites"* genutzt. Diese sind umfassende Anwendungsprogrammsammlungen, welche zusammengesetzt sind aus einem ERP-Kernsystem und weiteren angehängten Systemen. Denkbar sind hier Kundenbeziehungsmanagment (CRM) Systeme, Supply-Chain-Management-Systeme usw. Durch Webportale wird die Geschäftsabwicklung mit Dritten ermöglicht.

BEI GRIN MACHT SICH IHR WISSEN BEZAHLT

- Wir veröffentlichen Ihre Hausarbeit, Bachelor- und Masterarbeit

- Ihr eigenes eBook und Buch - weltweit in allen wichtigen Shops

- Verdienen Sie an jedem Verkauf

Jetzt bei www.GRIN.com hochladen und kostenlos publizieren